# BEI GRIN MACHT SICH IHR WISSEN BEZAHLT

AF140776

- Wir veröffentlichen Ihre Hausarbeit, Bachelor- und Masterarbeit

- Ihr eigenes eBook und Buch - weltweit in allen wichtigen Shops

- Verdienen Sie an jedem Verkauf

## Jetzt bei www.GRIN.com hochladen und kostenlos publizieren

**Bibliografische Information der Deutschen Nationalbibliothek:**

Die Deutsche Bibliothek verzeichnet diese Publikation in der Deutschen National-
bibliografie; detaillierte bibliografische Daten sind im Internet über http://dnb.d-
nb.de/ abrufbar.

**Impressum:**

Copyright © 2015 GRIN Verlag
Druck und Bindung: Books on Demand GmbH, Norderstedt Germany
ISBN: 9783668605701

**Dieses Buch bei GRIN:**

https://www.grin.com/document/385834

Claudia Schulze

# Durchführung und Auswertung des FLVT 5-6. Diagnostik, Förderung und Beratung einer Testperson (Schüler)

GRIN Verlag

**GRIN - Your knowledge has value**

Der GRIN Verlag publiziert seit 1998 wissenschaftliche Arbeiten von Studenten, Hochschullehrern und anderen Akademikern als eBook und gedrucktes Buch. Die Verlagswebsite www.grin.com ist die ideale Plattform zur Veröffentlichung von Hausarbeiten, Abschlussarbeiten, wissenschaftlichen Aufsätzen, Dissertationen und Fachbüchern.

**Besuchen Sie uns im Internet:**

http://www.grin.com/

http://www.facebook.com/grincom

http://www.twitter.com/grin_com

Universität Leipzig
WS 2015/16

# Fallarbeit im Rahmen des Moduls:
# Diagnostik, Förderung und Beratung

Leipzig, Februar 2016

# Inhaltsverzeichnis

# 1. Personenbeschreibung

Es folgt eine kurze Beschreibung des Untersuchungskindes, wobei näher auf soziale, emotionale, motivationale Variablen sowie schulbezogene Angaben eingegangen wird. Alle Informationen stammen vom Erstgespräch, welches am 19.12.2015 ab 15.00 Uhr im Kinderzimmer des Untersuchungskindes stattfand, und den im Rahmen des Gesprächs entstandenem Beobachtungen und Gesprächen. Das Untersuchungskind ist 10 Jahre alt, männlich und besucht momentan die 5. Klasse eines naturwissenschaftlich orientierten städtischen Gymnasiums. Die Testperson wohnt mit seinen Eltern in einem Haus im Vorort der Stadt, in der sich der Schulstandort befindet. Er hat eine ältere Schwester, die mit Ihrem Mann und einem Kind in Berlin wohnt. Der Vater der Testperson arbeitet vornehmlich daheim als Grafikdesigner, gestaltet u.a. auch Webseiten und Werbungen. Die Mutter ist Ärztin in einer nahegelegenen Großstadt. Das Untersuchungskind verbringt seine freie Zeit gern mit technischen Medien, vor allem an Laptop oder Handy. Er besitzt bereits über viel Erfahrung im Umgang mit Technik, wie sich aus dem Gespräch davor und danach erwies. Die Testperson erzählte mir, er besuche in der Schule die AG Programmieren. Des weiteren spiele er Klavier und Volleyball, sei bei den Pfadfindern und im Schwimmverein. In seiner Freizeit und vor dem zu Bettgehen (gegen 20-22.30 Uhr) lese er gern Wissensbücher, die sich rund um die Technik drehen.

Freunde habe er 3, die mit ihm zusammen auf die gleiche Grundschule gingen. Manchmal würden sie sich zum plaudern treffen. Wenn gerade Pause ist, würde auch die Klasse manchmal etwas zusammen unternehmen, jedoch gäbe es ein paar Mitschüler, die Ihn ärgern würden, vor allem Einer, der Ihm den Hefter wegnehmen würde. In der Schule meinte er, sei es schön, besonders schön, wenn er gute Noten bekäme. Er ginge gern in die Schule, um seinen Klassenlehrer zu sehen. Er wäre im Großen und Ganzen schon zufrieden mit seinen Lehrern, besonders mit seinem Klassenlehrer, da er viel Humor hätte. Zu seinen Lieblingsfächern gehöre TC, Englisch und Biologie, Sport möge er nicht so gern. Seine derzeitigen Noten wären ähnlich der Noten aus der Grundschulzeit. Gute Noten seien ihm sehr wichtig, das spiegelt sich auch in seiner Notenübersicht wider. Das Zeugnis, welches er mir nachträglich zeigte, bescheinigt, dass er in Mathe, Deutsch, Biologie, Geographie und Musik eine 1 bekommen hat. In Ordnung, TC und Sport steht eine 3 und in den restlichen Fächern im Halbjahr hat er mit „gut" abgeschlossen.

Seine Noten würde er zu 90 % der Fälle richtig einschätzen, wenn er falsch liegt, habe er sich oft besser eingeschätzt. Bei einer schlechten Note wäre die Testperson in Sport nicht so enttäuscht, wie es in anderen Fächern der Fall wäre. In seiner Klasse würde er sich selbst von den Leistungen her auf Platz 5 einschätzen. Mit dem Unterrichtstempo käme er gut zurecht, wenn er zu langsam wäre, würde er seine Banknachbarin fragen. Als störend empfände er, wenn jemand laut im Unterricht reden würde. Seine Aufmerksamkeit und Mitarbeit schätzt die Testperson als mittelmäßig ein, er versuche schon gut zu zuhören und mit zumachen. Seine Hausaufgaben erledige er direkt, wenn er von der Schule kommt. Er ließe aber nebenbei Youtube laufen und surft ab und zu im Internet, weswegen die Hausaufgaben oft länger dauern würden. Auf eine Arbeit bereite sich das Untersuchungskind vor, indem der Hefter durchgeblickt und auswendig gelernt werden würde. Für Mathe lernen wäre angenehmer, da es nur um das Verstehen der Aufgaben ginge.

Als Ansporn beim Lernen sehe er den Termin einer bevorstehenden Arbeit. Normalerweise würde die Testperson einen Tag vor der nächst anstehenden Arbeit anfangen zu lernen. Besonders wichtig sei Ihm in Vorbereitung auf eine Arbeit, alles gelernt zu haben. Sachen zum Auswendiglernen, könne er sich gut durch abschreiben merken. Um Fragen zu Unterrichtsthemen oder den Hausaufgaben zu stellen, sind die Schüler in einem Gruppenchat miteinander vernetzt. Das Untersuchungskind arbeite lieber in Einzelarbeit, da er da seine Ruhe hätte, oder in Gruppenarbeit, weil man da quatschen könne. Bei Partnerarbeit käme es darauf an, mit wem er zusammen arbeiten müsste. Während des Gesprächs ist es der Testperson schwer gefallen, ruhig zu sitzen und war des öfteren durch sein Handy abgelenkt. Bei vielen Fragen hat er viel Zeit zum Nachdenken gebraucht, wirkte manchmal abwesend. Die Aufmerksamkeit war oft auf Anderes gelenkt. Generell wirkte er unkonzentriert.

## 2. Hypothesenbildung/Ableitung eines Diagnoseanlasses

In dem Erstgespräch ist mir aufgefallen, dass sich die Testperson nur schwer konzentrieren konnte und seine Aufmerksamkeit eher bei anderen Dingen lag. Dies äußerte sich im ständigen Position Wechseln, des öfteren Blicke auf sein Handydisplay sowie da mehrfach hintereinander Ein und Ausschalten. Manchmal hat er mit anderen Themen geantwortet, die gar nichts mit der Frage zu tun hatten, manchmal wirkte er abwesend. Er beschreibt sich selbst im Interview als mittelmäßig aufmerksam und mitarbeitend und hat erzählt, dass ihn im Unterricht das Reden der Mitschüler ablenken und stören würde. Wenn das Untersuchungskind Hausaufgaben macht oder für eine bevorstehende Arbeit lernt, ist er nebenbei auch mit dem Handy und Youtube beschäftigt, wodurch die Konzentration für das Lernen oder das Hausaufgaben Erledigen schwindet. Momentan sind seine Noten gut, aber mit steigenden Jahrgangsstufe werden Lernprozesse und Unterrichtsinhalte immer komplexer, wofür eine feste Konzentrationsgrundlage von Nöten ist. Im Folgenden möchte ich weiter auf die Fragestellung eingehen: Wie ist die Aufmerksamkeits- und Konzentrationsfähigkeit der

Testperson einzuschätzen? Nach dem INVO-Modell von Hasselhorn und Gold (2006) sind Aufmerksamkeitskontrolle und das Arbeitsgedächtnis wichtige Voraussetzungen für erfolgreiches Lernen. Das heuristische Modell beschreibt eine Verzahnung fünf bedeutender Merkmalsbereiche individueller Voraussetzungen, die jeweils erfolgreiches Lernen stark beeinflussen. Wie sich die Aufmerksamkeit zunächst auf die Informationsaufnahme und -verarbeitung auswirkt, formulierte Broadbent (1958), gestützt auf zahlreichen Experimenten, in der sogenannten *Filtertheorie der Aufmerksamkeit.*

Er ging von begrenzten Kapazitäten der Informationsverarbeitung des Menschen aus, dessen Informationsfluss die Aufmerksamkeit von den sensorischen Registern hin zum Arbeitsgedächtnis reguliert. Die gezielte oder unwillkürliche Zuwendung der Aufmerksamkeit wirkt dabei wie ein Filter, der dafür zuständig ist, dass nur einige wenige Informationen im kognitiven System weitergeleitet werden. Die Filtertheorie besagt, dass die Auswahl der weiterverarbeitenden Informationen sehr früh im Informationsverarbeitungsprozess stattfindet. Definiert man erfolgreiches Lernen als gut Informationsverarbeitung, ist es wichtig, dass irrelevante Informationen aussortiert werden und man sich auf die wesentliche Informationen fokussiert. Diese Funktion der Aufmerksamkeitszuwendung können unterschiedlich gut ausgeprägt sein. Wenn dem Lerner zu viele Informationen zukommen, die die Kapazität seines Arbeitsgedächtnis übersteigen, besteht die Gefahr der Überforderung. Die eigentlich wichtige Information geht verloren (Günther, 2013). Ein weiterer Grund für eine Konzentrationsschwäche könnte das später Zubettgehen sein. Ein Schüler im Alter von 10 Jahren schläft durchschnittlich 10 h. Der Schlafbedarf variiert von Kind zu Kind, ist aber nicht zu unterschätzen.

Oft wird im Bett bis in die Nacht gelesen oder auf dem Handy gespielt. Am nächsten Morgen sind die Schüler dann unausgeruht und haben Schwierigkeiten sich zu konzentrieren. Die Testperson beschreibt selbst, dass das Handy beim Erledigen der Hausaufgaben oder Lernen präsent ist. Eine amerikanische Studie bestätigt, ständige Unterbrechungen durch klingelnde, vibrierende und leuchtende Push-Mitteilungen von WhatsApp, Facebook und Co. können die Konzentrationsfähigkeit stark einschränken. Erik Altman und seine Kollegen von der Michigan State University (2014) haben dafür 300 Probanden und Probandinnen einfache Aufgaben am Computer lösen lassen. Die Hälfte von ihnen war aufgefordert parallel immer wieder zwei Buchstaben in ihr Smartphone einzutippen. Das kostete kaum Zeit, trotzdem machten sie am Ende doppelt so viele Fehler als die Kollegen, die ohne Handy-Ablenkung arbeiteten. Die Aufmerksamkeit und Konzentrationsleistung sind dabei sehr nah bei einander liegende Begriffe und es wird wie folgt formuliert: „Hohe Konzentration besteht demnach im erfolgreichen Zusammenwirken jener Aufmerksamkeitskomponenten, die unter Einsatz willentlicher Anstrengung eine andauernde Selektion, Koordination und Kontrolle von Handlungsschemata leisten" (Goldammer & Moosbrugger, 2006, S. 31). Im Erstgespräch hat die

Testperson beim Nachdenken über gestellte Fragen im Nachhinein leicht abwesend gewirkt, da manchmal auf die Frage unpassende Antworten gegeben wurden oder das Nachdenken nach längerer Zeit abgebrochen wurde.

Becker beschreibt Abwesenheit und Störung als Ausdruck von Unaufmerksamkeit. Manche Kinder seien im Unterricht anwesend aber zu gleich abwesend. Das müsste aber bei meiner Testperson erst genauer Untersucht werden. Aus meinen Beobachtungen und im Gespräch aufgenommenen Information lässt sich folgende Untersuchungshypothese ableiten: Die Testperson besitzt im sozialen Vergleich eine unterdurchschnittliche Aufmerksamkeits- und Konzentrationsleistung.

## 3. Hypothetische Auswahl/ Begründung von diagnostischen Methoden

Um die aufgestellte Hypothese zu überprüfen, würde ich zunächst auf die Methode der diagnostischen Beobachtung zurückgreifen und eine zweite Lehrkraft bitten, verdeckt und nicht teilnehmend die Testperson zu beobachten und dessen Verhalten zu protokollieren (Hesse, Latzko, 2011). Dann würde ich, wenn die Zweitmeinung den Verdacht bestätigt, das Frankfurter Aufmerksamkeits-Inventar 2 (FAIR-2; Moosbrugger & Öhlschlägel, 2011) verwenden, einen Test zur Messung von Aufmerksamkeits- und Konzentrationsfähigkeit. Mit diesem Verfahren sollen individuelle Unterschiede in der gerichteten Aufmerksamkeit abgebildet werden, die als Fähigkeit zur genauen und schnellen Unterscheidung visuell ähnlicher Zeichen unter Ausblendung aufgaben-irrelevanter Informationen definiert werden (Kipman, Fitz, 2014). Bei dem Konzentrationstest handelt es sich um einen Paper-and-Pencil-Test mit Testformen A und B und ist für die Altersgruppe 9-85 Jahre zugelassen. Für beide Testformen liegen Prozentrang- und Staninewerte für die Gesamtstichprobe, sowie altersspeziefische Normwerte vor. Die Normierungsstichprobe umfasst n=1990 Pobandinnen und Probanden. Der Test ist eine aktualisierte Version des FAIR. Aufmerksamkeitsleistungen stellen die Basis als Voraussetzung für die Bewältigung einer Vielzahl kognitiver und intellektueller Anforderungen des Alltagslebens dar.

Das Ziel der Aufmerksamkeitsdiagnostik besteht darin, interindividuelle Unterschiede in dem Ausmaß abzubilden, in dem es Personen gelingt, ihre Aufmerksamkeit über einen längeren Zeitraum auf bestimmte Reize oder Tätigkeiten willentlich auszurichten (Moosbrugger, Öhlschlägel, 2011). Bei dem Testverfahren werden die Komponenten Wachheit, Daueraufmerksamkeit, fokussierte Aufmerksamkeit sowie geteilte Aufmerksamkeit beansprucht. Der Test umfasst insgesamt 640 Items. Jedes einzelne setzt sich zusammen aus einem Kreis, in dem verschiedene Figuren abgebildet sind, welche sich durch Form, Anzahl der Punkte innerhalb der Form und Anordnung der Punkte (wobei die letztgenannte Merkmalsdimension für die Aufgaben keine Rolle spielt). Zwei Arten von Items sind als Zielitems definiert (z.B. Quadrat im Kreis mit zwei Punkten und Kreis im Kreis mit 3 Punkten). Die Aufgabe der Testperson besteht darin, innerhalb 3 Minuten pro Testseite möglichst viele Zielitems zu markieren, indem der Stift ohne abzusetzen unterhalb der Items entlang geführt wird und die Zielitems durch einen Zacken der Linie in das Iteminnere hinein gekennzeichnet werden. Daraus werden dann über Kennwerte Aufmerksamkeitsquantität, -genauigkeit und -kontinuität errechnet (Kipman, Fitz, 2014). Ich habe den Test ausgewählt, da er für das Alter meiner Testperson einsetzbar ist und die Dimensionen Leistung, Qualität und Kontinuität der Aufmerksamkeits- und Konzentrationsfähigkeit überprüft. Der Test besitzt eine genügend große Normierungsstichprobe und die Gütekriterien Objektivität sowie Validität, als auch Reliabilität sind ausreichend gegeben. Die Anwendungsdauer hält sich auf 10 min begrenzt und benötigt keine Weiteren Materialien, außer einen Stift. Die Auswertungsdauer beträgt in etwa 5-10 Minuten. Damit ist der Test aus meiner Sicht gut praktikabel, um herauszufinden, ob bei meiner Testperson ein Aufmerksamkeits- und Konzentrationsproblem vorhanden ist.

## 4. Testdurchführung/Interpretation der Ergebnisse

**Testergebnisse meiner Testperson:**

| RW | PR | PR-Band | z-Wert | T-Wert |
|----|----|---------|--------|--------|
| 27 | 54 | 48-59 | 0.03 | 50.3 |

Der FLVT 5-6 wurde am 22.12.15, um 14. Uhr, in der Wohnstube im Hause des Untersuchungskindes durchgeführt. Um die 20 Minuten Bearbeitungszeit einzuhalten, wurde ein Timer auf dem Handy gesetzt, der nach abgelaufener Zeit ein kurzes Alarmzeichen gab. Beim Anleiten des Leseverständnistests wurden die im Testmanual beschriebenen Anweisungen eingehalten, so dass der Test unter standardisierten Bedingungen durchgeführt wurde. Die Beispielaufgaben hat das Untersuchungskind richtig gelöst. Vor eigentlichem Testbeginn hat er von seiner Strategie für Textaufgaben erzählt, erst die Frage zu lesen, eine Signalwort zu erkennen und dann nach dem Signalwort beim Überfliegen des Textes zu suchen. Man hat gemerkt, dass er diese Strategie gleich im ersten Teil, dem narrativen Text, versucht hat anzuwenden, jedoch ist sie Ihm nicht hilfreich gewesen. Des Weiteren wurden ein paar Fragen wegen Zeitknappheit durch Raten beantwortet. Im Sachtextteil hat die

Testperson etwas mit sich selbst geredet und meinte, dass manche Antwortmöglichkeiten sinnlos seien, sonst hat er die Fragen fast der Reihe nach beantwortet. An den Texten wurde nicht gearbeitet oder etwas unterstrichen. Die Testperson hat im narrativen Textteil 11 von 18 Punkten erreicht, im Sachtext hingegen 16 von 18 Punkten.

Die Anzahl der richtig gelösten Fragen ergeben den Testrohwert. Dieser wird in einen Normwert umgewandelt, um das Ergebnis des Getesteten mit der Eichstichprobe vergleichen zu können. Das untersuchte Kind hat in Testform A gesamt 27 Punkte erreicht, welche dem Rohwert 27 entspricht. Diesem Wert lässt sich der Protzentrangplatz von PR = 54 zuordnen. Der Protzentrang (PR) sagt aus, wie viel Prozent der Schüler aus einer Normierungsstichprobe einen solchen oder kleineren Rohwert erreicht haben. „Da Testverfahren nicht frei von Messfehlern sind, bewegt sich der durch das Testergebnis ermittelte Prozentrangplatz stets mit Schwankungen um einen „wahren Wert" herum. Das Prozentrangband (PR-Band) gibt an, in welchem Bereich der „wahre PR-Wert" mit einer besonders hohen Wahrscheinlichkeit (95%-Wahrscheinlichkeit) liegt" (Souvignier, Trenk-Hinterberger, Adam-Schwebe, Gold, 2008, S. 18).

Übertragen bedeutet das, dass 54 Prozent der Schüler aus einer Vergleichsgruppe eine gleich gute oder schlechtere Leistung und 46 Prozent einen höheren Leistungswert als die Testperson erzielt haben. Das Prozentrangband liegt bei PR = 48 bis PR = 59. Der „wahre" Leistungswert von Ihm liegt daher mit einer Wahrscheinlichkeit von 95% in diesem Bereich. Die T-Wert-Skala gibt an, wie viel Standardabweichung das Ergebnis vom Mittelwert entfernt ist. Der Mittelwert liegt bei einem T-Wert von T=50, die Standardabweichung wurde auf 10 festgesetzt. Je weiter das Ergebnis vom Mittelwert entfernt ist, desto seltener ist es eingetreten. Werte die weiter als 20 Standardabweichung vom Mittelwert entfernt liegen, gelten als außergewöhnliche Ereignisse. Die z-Werte geben ebenfalls an, wie weit ein Ergebnis vom Mittelwert entfernt liegt, lediglich wurde der Mittelwert auf z=0 und die Standardabweichung auf 1 festgelegt (Lenhard, 2013). Die Testperson hat einen T-Wert von T=50.3. Seine Leistungen liegen sehr nah am Mittelwert und lassen sich daher als durchschnittlich, normal interpretieren. Es kann weder von einem unteren, noch einem oberen Normalbereich gesprochen werden.

Da der FLVT 5-6 ein Rasch-skaliertes Verfahren ist, lässt sich die erfasste Leistung auf einem Kompetenzkontinuum einordnen. Mit dem Rohwert RW=27, welcher einem Raschskalenwert von 0.34 entspricht, kann die Leistung des Untersuchungskindes mit höchster Wahrscheinlichkeit der Kompetenzstufe 2 zugewiesen werden. Seine Können ist demnach so zu beschreiben, dass er Informationen aus mehreren Textpassagen mit einander kombinieren, durch Verknüpfung verschiedener globaler Zusammenhänge herstellen sowie Schlussfolgerungen daraus ziehen kann. Da es nur eine Kompetenzstufeneinordnung für die Gesamtleistung des Leseverständnisses gibt, wird weiterhin untersucht, ob es eine große Diskrepanz zwischen narrativen Text und Sachtext gibt, die als besondere Schwäche oder Stärke für eine der beiden Textgenres zu werten ist. Dafür wird die mittlere Rohwertdifferenz narrativen Text – Sachtext gebildet. Diese Differenz beträgt bei der Testperson $D_i = -5$ und ist als Stärke für den Sachtext zu interpretieren. (Souvignier et al., 2008)

# 5. Hypothetische Förderempfehlung

Da die Leistung der Testperson des Leseverständnisses einer durchschnittlichen Leistung eines Gymnasialschülers der 5. Klasse entspricht, liegen keine Leistungsdefizite vor, die es aufzuholen gilt. Dennoch können Maßnahmen angesetzt werden, um für ein besseres Leseverständnis zu sorgen oder eine Stabilisierung der Leistung herbeizuführen. Da der grundlegende Leseerwerbsprozess weitestgehend bei dem Schüler beendet ist, könnte das Weiterführende Lesen mehr in den Vordergrund gestellt werden. Darunter gilt es auch den Schüler zu eventuell neuen Textgenres zu motivieren, in denen er noch nicht so viel Erfahrung hat. Eine weiter Fördermöglichkeit, die von Hesse & Latzko (2011) beschrieben wird, wäre das *Peer-Tutoring*.

Mit dieser Methode können sowohl schwächere als auch gute Leser gleichzeitig gefördert werden. Dazu werden Lesetandems gebildet, die aus einem besseren und einem schwächerem Leser bestehen. Diese Methode bietet sich außerdem in der 5. Klasse besonders gut an, da sich die Partnerarbeit zum besseren Kennenlernen nutzten lässt. Die Leseaktivitäten wechseln zwischen einem gemeinsamen lauten Lesen und dem Vorlesen des schwächeren Lesers ab. Dabei sollte unbedingt auf Motivation geachtet werden und auf die beidseitigen Vorteile. Gern können diese Tandems auch auf außerschulische Bereiche, z.B. dem Tandem Elternteil – Kind, übertragen werden. Da das Untersuchungskind anfänglich von seiner sonst erfolgreichen Lesestrategie erzählt hat, die aber in dem ausgewählten Testverfahren eher für Zeitverlust gesorgt hat, wäre es gewinnbringend, Fördermaßnahmen für die Vermittlung geeigneter Strategien an zudenken. Dabei bieten sich kognitive Strategien an, wie z.B. das mehrfach lesen, unterstreichen oder auch das bildliche Vorstellen, des eben Gelesenen. Weitere Strategien, die von der metakognitiven Ebene ausgehen, wären das eigenständige Kontrollieren vom Verstehensprozess und der Steuerung der Aufmerksamkeit.

Die Strategien werden zunächst durch die Lehrkraft erklärt und demonstriert, danach wird sie gemeinsam genutzt, jedoch sollten nicht so viele Strategien auf einmal eingeführt werden. Danach erfolgt angeleitetes Üben, sowie der selbstständige Strategieeinsatz, deren Abläufe irgendwann unterbewusst werden. Gold et al. (2004) entwickelten das Unterrichtsprogramm *Wir werden Textde-*

*tektive*, welches kognitive und metakognitive Lesestrategien vermittelt und sich für die Anwendung im Unterricht eignet. Im Rahmen des Programms werden insgesamt sieben Strategien vermittelt, die sich auf die Organisation und Elaboration von Textinhalten beziehen. Dazu gehören bildhaftes Vorstellen, Beachtung der Überschrift sowie das Unterstreichen wichtiger Textstellen. Auf metakognitiver Ebene zielen die Strategien auf eigenständiges Überprüfen des Verstehensprozesses sowie auf das Kontrollieren, ob zentrale Inhalte verstanden worden sind (Lenhard 2013). Da sich das Leseverständnis weiter ausbildet, in dem viel gelesen wird, macht es für die Testperson Sinn, auch weiter hin viele Bücher zu lesen, die anderen Genres als „Wissensbücher" entsprechen. Dieser Anreiz kann zum Beispiel die Buchplattform Antolin.de schaffen. Antolin ist ein innovatives Online-Portal zur Leseförderung von Klasse 1 -10. Auf dem den werden Jugendlichen Quizfragen, die von der Lehrkraft freigeschaltet werden, passend zum Unterrichtsverlauf gestellt. Dies verbindet Lernen in der Schule und Lesen am Nachmittag und fördert die Schüler auf dem Weg zum eigenständigen Lesen sowie die Entwicklung der eigenen Leseidentität. Für eine weitere Lesemotivation bietet sich auch in der 5. Klasse noch ein Ausflug in eine Bibliothek an, weil den Schülern dort eine kostenfreie Möglichkeit geboten wird, sich in die Welt der Bücher hinein zu testen.

# 6. Reflexion

Bei der Durchführung des Erstgespräch ist mir aufgefallen, dass ich manchmal statt Fragen so vorzulesen, wie ich sie formuliert hatte, beim Sprechen unbewusst umformuliert habe. Dabei sind oft Fragen entstanden sind, die schon Beispiele enthalten haben oder zu Ja/Nein Fragen wurden, die es eher zu Vermeiden gegolten hätte. Mir ist außerdem aufgefallen, wie beeinflussend Fragen schon auf die Antworten wirken, obwohl sie gar nicht so schienen. Gegen Ende des Gesprächs, habe ich bewusster versucht darauf zu achten, nichts weiter hinzuzufügen oder meine Fragen zu ergänzen. Ich habe bemerkt, dass mir meine Testperson mehr erzählt, je weniger ich gesagt habe. In meinem nächsten Gespräch würde ich gern gezielter auf meine Formulierungen achten und mir auch die Zeit nehmen, im Gespräch spontane Fragen zu überdenken. Der Diagnoseanlass war für mich sehr schwer zu stellen, da auf dem ersten Blick der Schüler keine größeren Probleme in der Schule zu haben schien. Nach näherer Untersuchung habe ich dann festgelegt, dass ich auf die Konzentrationsleistung näher eingehen möchte.

    Bei der Auswahl der diagnostischen Methoden, habe ich zunächst überlegt, ob ich mir vor dem Test eine Zweitmeinung einholen sollte, bin dann aber zu dem Entschluss gekommen, dass es doch ganz nützlich sein kann. Bei der Testauswertung wusste ich nicht ganz, ob man auf dem Testheft die zutreffende Kompetenzstufe ankreuzen soll oder den jeweiligen Wert eintragen musste, analog bei der besonderen Stärke. Ansonsten bin ich mit der Auswertung ganz gut zurecht gekommen. Bei der Förderempfehlung war es schwer, Methoden herauszusuchen, die sich im Unterricht realisieren lassen. Größtenteils findet man Methoden, die eine ganze Klasse betreffen und nicht nur das einzelne Kind, das man eventuell individuell fördern möchte. Da muss man auch wieder abwägen, was realisierbar ist, da eine Lehrkraft nicht 28 einzelne Förderempfehlung ausarbeiten kann. Insgesamt war ich über die Anzahl und Vielfältigkeit der diagnostischen Methoden überrascht. Die

Diagnose spielt im Berufsleben eines Lehrers wirklich eine einnehmende Rolle und ich hoffe ich bekomme in meinem nächsten Praktikum mehr Gelegenheit dafür, die erworbenen Kenntnisse an weiteren Schülern und Schülerinnen zu erproben.

# 7. Anhang

## Gesprächsleitfaden mit Schülerantworten

Das Erstgespräch fand am 19.12.2015 gegen 15 Uhr im Zimmer des Untersuchungskindes statt und wurde mit dem Handy aufgezeichnet. In Klammern stehen die Funktionen, was aus der Frage möglichst hervorgehen sollte.

**1. Geprächseinstieg** *(Smalltalk)*

→ Selbstvorstellung, Inhalt des Gesprächs.

Smalltalk.

**2. Person**

· <u>Erzähl doch zunächst erst einmal ein paar Sachen über dich... (Nachfragen, falls er die Fakten nicht erwähnt)</u> *(Alter, Schulform, Klassenstufe, Hobbys)*

Ich bin zehn, dann bin ich in der 5. Klasse und ich mach gerne so am Laptop Sachen.

**3. Familie** *(Elternhaus, sozioökonomischer Status)*

· <u>Wer gehört alles zur Familie?</u> *(Familienstruktur)*

Ja, mein Papa, meine Mama, ich kann dir auch meinen Familienstammbaum aufzählen (lacht). Wir sind so ca. 28 Leute. Mama und Papa eben und die wohnen hier.

· <u>Hast du Geschwister?</u> *(Geschwister)*

Ja eine Schwester habe ich und die wohnt mit ihrem Mann in Berlin und die hat auch schon ein Kind.

· <u>Welche Berufe haben die Eltern?</u> *(Berufe der Eltern)*

Also meine Papa macht so am Laptop Grafikdesign, Werbung, Webseiten und so was und meine Mama ist Ärztin in ABC.

· <u>Wie viel Zeit verbringst du mit deiner Familie?</u> *(Beziehung zu Eltern)*

Viel Zeit, wir sehen uns ja jeden Tag und am Wochenende.

· <u>Was macht ihr dann gerne?</u> *(Beziehung zu Eltern)*

Als Familie? **(Ja)** Sind jetzt auch Sachen gemeint, die man alleine macht, aber die alle gerne machen? **(Ja)** Also ich lese gern Wissensbücher, so in Richtung Technik und ich spiele Klavier...

*(denkt nach).*

## 4. Freizeit/ Soziales Umfeld

· Wie sieht denn ein normaler Tagesablauf bei dir aus? *(Schule, AGs, Hobbys, HA-Zeit, Lernzeit, Freizeitgestaltung, Mediennutzung, evtl. Freunde)*

(erzählt vom Aufstehen, in die Schule gehen). Dann gehe ich nach Hause, spiele ein bisschen Klavier, mache Hausaufgaben. Dann tue ich noch so ein bisschen am Laptop arbeiten, dann essen wir halt und dann gehen wir ins Bett, dann lese ich noch ein bisschen.

· Wann gehst du eigentlich so ins Bett? *(eventuelle Auswirkungen auf Konzentration)*

Frühstens 20 Uhr, spätestens 22.30 Uhr.

· Hast du neben der Schule weitere Hobbys, die du regelmäßig machst?

(z.b Sport oder ähnliches?) *(AGs, Hobbys, Freizeitgestaltung)*

Ja ich gehe zu den Pfadfindern und bin im Schwimmverein, mach Volleyball. Ich bin da auch noch in der Schule bei Programmieren.

· Wie sieht es bei dir mit Freunden aus? *(Freunde, Peers)*

Na die, die ich früher mit in der Grundschule hatte. 5 sind mit mir auf das Gymnasium gewechselt und 3 von denen sind meine Freunde.

· Was unternehmt ihr gern? *(Freizeitgestaltung mit Freunden)*

Ja, ich treffe mich manchmal mit denen und plaudern halt.

## 5. Schule

### 5.1. Emotionaler Bereich, Verhältnis zur Lehrern/Mitschülern

· Wie fühlst du dich, wenn du in der Schule bist? *(Schulklima, Emotionen)*

Es ist schön da.

· In welchen Situationen fühlst du dich wohl?

Wenn ich gute Noten kriege, was auch meistens der Fall ist.

· In welchen unwohl?

Kopfschütteln

· Erzähl doch mal von deiner Klasse. *(Peers, Klassenklima)*

Unsere Klasse ist schon o.k.. Also ich kenne die alle schon so, wir machen auch Sachen gemeinsam, aber bei manchen weiß ich auch , dass die mich ärgern wollen, einer nimmt mir immer meinen Hefter weg. Na ja, die sind, wie die sind.

· Kommen wir zu dem Thema Lehrer: Wie zufrieden bist du mit deinen Lehrern? *(Lehrer-Schüler-Beziehung)*

Ich bin mit meinem Lehrern schon sehr zufrieden. Vor allem mit meinem Klassenlehrer, der Herr

PPP

· Gibt es Lehrer, bei denen du lieber Unterricht hast als bei Anderen?

Ja die Frau XXX, die ist stellvertretenden Klassenlehrerin und die Frau WWW.

· Kannst du mir sagen, weswegen sie toll sind? (L-S-Beziehung)

Die Frau WWW finde ich immer lustig wegen Ihrer Ausdrücke, die schimpft eben auch mal mit den Störenfrieden aus unsere Klasse. Die stellvertretende Klassenlehrerin halt, weil sie nett ist. Mein Klassenlehrer macht auch nette Bemerkungen und hat Humor.

· Gibt es auch Lehrer, die du nicht so gut findest?

Frau ZZZ, weil die anstrengend ist.

### 5.2. Motivation/ Leistungsbereitschaft

· Was motiviert dich, jeden Wochentag in die Schule zu gehen? *(Motivation)*

Den Herr PPP zu sehen.

· Welche Fächer findest du interessant? *(Lieblingsfach)*

Also TC ist interessant und auch, *(schlägt Hausaufgabenheft auf)*, Englisch, TC hatten wir schon gesagt, Bio.

· Sind das auch die Fächer, in denen du gut bist? *(Noten, Problemfächer)*

Na ja eigentlich sieht es in jedem Fach gut aus, außer in Sport *(zeigt mir seine Noten)*.

· Wie läuft der Unterricht in diesen Fächern ab? *(Unterrichtsqualität)*

Zum Beispiel in Mathe, tägliche Übungen, dann machen wir was für den Merkstoff und eine Übung dazu und wenn es eine Arbeit gibt, schreiben wir die Arbeit ansonsten noch mehr Merkstoff.

· Gibt es auch Fächer die du nicht so gern magst? *(Problemfächer)*

Ja, Sport.

· Was sind für dich gute Noten? *(Notenempfinden)*

Na so 1, 2.

· Welche Unterrichtsform sagt dir am meisten zu? Einzelarbeit, Gruppenarbeit oder Partnerarbeit? *(Sozialverhalten in Klasse)*

Gruppenarbeit oder Einzelarbeit.

· Was findest du an dieser Unterrichtsform besser als an Anderen?

Bei Gruppenarbeit kann man neben bei auch schön quatschen. Bei der Einzelarbeit kann ich in Ruhe für mich arbeiten. *(lacht)*

· Arbeitest du gern mit Mitschülern zusammen *(S-S-Beziehung)*

Ja, kommt eben darauf an mit Wem.

· Erinnere dich mal an deine letzte Klassenarbeit zurück, in welchem Fach hast du sie geschrieben?

*(Themeneinleitung)*

Da muss ich erst überlegen. *(denkt nach, schaut im Hausaufgabenheft nach)* In Bio.

· Wie hast du dich auf die Klassenarbeit vorbereitet? *(Lernverhalten und -strategie)*

Also ich hab gedacht, es sind nur Reptilien dran und dann hab ich das einfach gelernt und hab mir den Hefter angeguckt und dann hab ich gemerkt, es kommen auch noch Lurche dran, die hab ich dann in der Pause gelernt.

· Gibt es ein Fach, in dem dir das Lernen leichter fällt? *(Lernverhalten)*

Ja, in Mathe, da muss man die Aufgaben eher verstehen.

· Hast du eine besondere Strategie beim Lernen? *(Lernstrategie)*

Ich mach das halt so, dass ich mir das einfach angucke und einpräge.

· Was motiviert dich beim Lernen ? *(Lern-, Leistungsmotivation, ex-/intrinsische Motivation)*

Dass wir eine Arbeit schreiben.

· Wie wichtig sind dir Noten?

Schon sehr wichtig. Soll ich dir mal meine Noten zeigen?

· Was denkst du, wenn du eine schlechte Note bekommst?

„Och nee, jetzt hab ich eine schlechte Note", in Sport ärgert es mich aber nicht so, in den anderen Fächern stört es mich schon. *(spielt mit dem Handy)*


## 5.3. Konzentration

· Wie ist deine Aufmerksamkeit im Unterricht auf einer Skala von 1 bis 10, begründe? *(Selbsteinschätzung, Aufmerksamkeit)*

6, ich versuche schon gut zu zuhören.

· Welche Sachen stören deine Aufmerksamkeit? *(Konzentration)*

Wenn im Unterricht einer plappert. (erzählt von Banknachbarin, die ihm wenig Platz gelassen hat)

· Wie kommst du mit der Geschwindigkeit des Unterrichts zurecht? *(Unterrichtsklima)*

Gut so, wenn ich zu langsam bin frage ich meine Banknachbarin.

· Wann ist für dich die beste Zeit zum Lernen/ Hausaufgaben erledigen? *(Konzentrationszeitraum, Ablenkung)*

Wenn ich nach Hause komme, direkt nach der Schule, aber ich lass nebenbei noch Videos auf Youtube laufen oder surfe im Internet. Manchmal schaue ich dann doch mehr im Internet, als ich eigentlich wollte. Das ist auch der Grund, warum die immer so lange dauern. Beim Lernen ist das auch oft so

### 5.5. Leistungsselbsteinschätzung und Leistungsentwicklung

· <u>Wie würdest du dich denn von deinen Leistungen her im Vergleich zum Rest der Klasse einschät-</u>
<u>zen?</u> *(Selbsteinschätzung, Selbstbild)*

Meinst du jetzt auf einer Skala von 1 – 25 ? Dann würde ich mich auf Platz 5 setzen, mit 1 ist gut
und 25 nicht so gut.

· <u>Kennst du die Situation, du hast ein gutes Gefühl nach einer geschriebenen Arbeit, aber das Ergeb-</u>
<u>nis fällt doch nicht wie gedacht aus?</u> → <u>Wie fühlst du dich dann?</u> *(lernrelevante Emotionen)*

Da denk ich mir halt, ach (lacht) das ist meistens so, dass wenn man in einer Aufgabe viel hinschrei-
ben muss, also ich mache es dann so, dass ich immer nach den Punkten schau, wie viel es auf die
Aufgabe gibt.

· <u>Wie gut kannst du deine Note vorhersagen, wenn du eine Arbeit geschrieben hast?</u> *(Selbstein-*
*schätzung)*

Um 90 %

· <u>Schätzt du deine Note eher besser oder eher schlechter ein?</u> *(Selbsteinschätzung, Selbstbewusst-*
*sein)*

Dann hab ich es eher besser eingeschätzt.

### 5.4. Arbeitsverhalten/ Lernstrategien

· <u>Beschreibe mir deine Mitarbeit im Unterricht.</u> *(Lernmotivation, -volition)*

Gut, Ich melde mich schon manchmal.

· <u>Bereitest du dich auf Unterrichtsstunden vor oder arbeitest du sie nach?</u> *(Lernverhalten)*

Nein, eigentlich nicht, ich es reicht doch, wenn man das im Unterricht hört.

· <u>Was machst du, wenn du im Unterricht etwas nicht verstehst?</u> *(Interesse, Leistungsmotivation)*

Wir haben bei Whats app einen Klassenchat und wenn ich da eine Frage habe, stelle ich die einfach.

· <u>Wir hatten ja vorhin schon mal darüber gesprochen, wie du dich auf eine Arbeit vorbereitest.</u>
<u>Wann fängst du an für eine Arbeit zu lernen?</u> *(Lernverhalten, Lernstrategie)*

Ein Tag vorher. Ich lerne immer für die Arbeit, die als nächstes ansteht, weil wir als 5. Klasse nur
eine Arbeit pro Tag schreiben dürfen

· <u>Was ist dir besonders wichtig, wenn du lernst?</u> *(schulisches Selbstkonzept)*

Dass ich alles lerne, was ich lernen muss.

· <u>Wie gehst du vor, wenn du etwas auswendig lernen musst?</u> *(Lernstrategie)*

Ich schau sie mir an und präge sie mir ein. Manchmal schreibe ich auch etwas ab.

· <u>Gibt es sonst noch etwas, was du über dich und die Schule erzählen willst?</u> *(Abschluss)*

*(erzählt, wie seine Schule aussieht)*

## 6. Verabschiedung

Vielen Dank, dass du dir die Zeit genommen hast, meine Fragen zu beantworten.

(Smalltalk).

Beobachtung: Während des Gesprächs ist es der Testperson schwer gefallen, ruhig zu sitzen und war des öfteren durch sein Handy abgelenkt. Bei vielen Fragen hat er mehr Zeit zum Nachdenken gebraucht, aber dann verloren sich seine Gedanken eher in anderen Sachen, die seiner Aufmerksamkeit auf sich zogen. Beim Smalltalk mit den Eltern kam zur Sprache, dass das Untersuchungskind sein Smartphone zuhause lassen muss und für die Schule ein älteres Handy hat, mit dem man nur telefonieren und SMS schreiben kann. Generell wirkte er unkonzentriert.

18

## Beobachtungsprotokoll bei Testdurchführung

Datum: 22.12.15, ca. 14 Uhr

Ort: Wohnstube im Hause des Untersuchungskindes

**Protokoll:**

· Anleitung / Übung durchführt

  – Das Untersuchungskind hat Beispielfragen richtig beantwortet

· vor Testbeginn:

  – von seiner Strategie erzählt, erst die Frage zu lesen, dann nach dem gefragten Signalwort im Text zu suchen

  – Text nur überfliegen

  – Sein Beispiel: Frage nach Augenfarbe → sucht im Text nach einem Farbwort

· Erster Teil, narrativen Text:

  – liest ersten Absatz,blättert zu den Fragen, blättert zum Text und überfliegt nur

  – fängt dann noch mal an von oben zu lesen

  – beantwortet Fragen durch einander

  – hat ca. die letzten 8 Fragen geraten, da die Zeit fast um war

· Zweiter Teil, Sachtext:

  – hat während des Textes geredet, aber eher mit sich selbst

  – hat sich über „sinnlose Antwortmöglichkeiten" aufgeregt

  – hat ansonsten größtenteils die Fragen nach einander gelöst, manche aber ausgelassen

  – die ausgelassenen Fragen hat er zum Schluss beantwortet, ohne nochmals genauer im Text nachzulesen

Nach dem Test:

  – kurze Bemerkung von der Testperson, dass das Umblättern lästig sei

  – der Sachtextteil hätte ihm besser gefallen

# 8. Literaturverzeichnis

Altman E. M., Trafton J. G., Hambrick D. Z. (2014). *Journal of Experimental Psychology: General.* Michigan.

Becker N. (2015). *Abwesenheit und Störung als Ausdruck von Unaufmerksamkeit.* In: *Aufmerksamkeit: Geschichte – Theorie – Empirie.* Hrsg. Reh S., Berdelmann K., Dinkelaker J. Wiesbaden: Springer VS

Fitz A. & Kipman U. (2014). *Psychologische Diagnostik von Aufmerksamkeits- und Konzentrationsfähigkeiten Kindergarten- und Schulalter.* Salzburg: Österreichisches Zentrum für Begabtenförderung und Begabungsforschung.

Günther S. (2013). *Ausgewählte Konzepte des selbstbestimmten Lernens.* Leipzig.

Hesse I. & Latzko B. (2011). *Diagnostik für Lehrkräfte.* Stuttgart: UTB GmbH

Hasselhorn, M. & Gold, A. (2006). *Pädagogische Psychologie. Erfolgreiches Lernen und Lehren.* Stuttgart: Kohlhammer.

Broadbent D. E. (1958). *Perception and communication.* London: Pergamon Press.

Goldhammer, F. & Moosbrugger, H. (2006). *Aufmerksamkeit.* Heidelberg: Springer.

Lenhard W. (2013). *Leseverständnis und Lesekompetenz; Grundlagen - Diagnostik – Förderung.* Stuttgart: Kohlhammer.

**Tests:**

Adam-Schwebe, S., Souvignier, E. & Gold, A. (2009). *Der Frankfurter Leseverständnistest (FLVT 5–6.* Göttingen: Hogrefe

Moosbrugger, H. & Öhlschlägel, J. (2011). *FAIR-2. Frankfurter Aufmerksamkeits-Inventar 2.4* Bern: Huber.

Gold, A., Mokhlesgerami, J. Rühl, K., Schreblowski, S. & Souvignier, E. (2004). *Wir werden Textdetektive – Lehrermanual & Arbeitsheft.*Göttingen: Vandenhoeck & Ruprecht.